마법의 사자소학 따라 쓰기

①

생각디딤돌 창작교실 엮음

생각디딤돌

차례

머리말·4

《사자소학 따라 쓰기》로
예의 바르고
올바른 어린이가 되자!

하루 2장의 기적!
사자소학 완전 정복 홈스쿨링
읽고 쓰면서 사자소학 정복하기!

어린이의 첫 공부 시작인 사자소학!

『사자소학』은 중국 송나라의 유학자 주희가 지은 『소학(小學)』을 바탕으로 어린이에게 한자를 가르치기 위해 엮은 책입니다. 우리나라에서는 조선시대부터 배우기 시작했습니다. 보통 여덟 살 무렵부터 배우기 시작했는데 더 어려서부터 배우기도 했습니다. 천자문과 같이 처음으로 배우는 책이었습니다. 그러니까 지금으로 치면 초등학교 입학해서 처음 배우는 교과서인 셈입니다. 네 글자가 한 구절을 이루고 있어 운율에 맞춰 소리 내어 읽기에도 좋았고, 대부분 실생활과 깊이 관련된 내용이라서 어린이들의 생활 교본으로 삼았습니다.

사자소학으로 바른 인성 키우기!

『사자소학』은 부모와 자식, 형과 아우, 스승과 제자, 어른과 아이, 친구, 자신 등 주변의 여러 관계에서 어떻게 행동해야 옳고 그른지를 알려주는 기초 교양서이자 철학서입니다. 나이가 어릴수록 어떤 행동이 올바른지, 예의에 어긋나지 않는지 판단을 잘 못 합니다. 그런 것들은 부모의 교육이나 주변 교육을 통해 배우고 익힐 수 있습니다. 사람이 본질적으로 갖춰야 할 도리나 예절은 옛날이나 지금이나 변하지 않았습니다. 그 가장 기초적인 생활 규범을 사자소학을 통해 배우고 익히는 것은 아주 중요한 일입니다.

모든 교과 학습의 시작인 글자 바로 쓰기!

스마트폰이 보급되고 멀티미디어 교육 환경이 갖추어지면서 글씨를 쓰는 일이 많이 줄어들고, 컴퓨터 키보드나 스마트폰 터치를 통한 타이핑이 더 익숙해졌습니다. 하지만 바른 글씨체 쓰기는 학교, 사회생활에서 가장 중요한 부분입니다. 『사자소학 따라 쓰기』는 한자와 한글을 따라 쓰게 해서 바른 글씨체를 배우고 익힐 수 있도록 꾸몄습니다. 또한 아이들이 흥미와 재미를 느낄 수 있도록 재미 있는 만화를 실었습니다. 마지막으로 사자소학 구절에 맞는 질문으로 나의 바른 행동과 생활을 일기처럼 기록할 수 있게 했습니다.

짧은 글이라도 매일 써 보는 훈련의 필요성!

어린이들이 글쓰기를 즐기게 하려면 제일 먼저 해야 할 일이 '원고지 만만하게 보기'입니다. 어떤 글이든 빨간 펜으로 잘못된 곳을 일일이 교정해 주기보다는 칭찬을 먼저 해 준다면 '원고지 만만하게 보기'는 아주 쉽게 해결될 것입니다. 『사자소학 따라 쓰기』는 내용에 맞는 질문으로 글짓기를 할 수 있게 해서 어린 이들이 글쓰기를 두려워하기보다는 '쉽고 만만한' 재미있는 놀이로 여길 수 있 도록 했습니다.

부생아신 모국오신
父生我身　母鞠吾身

아버지는 내 몸을 태어나게 하시고 어머니는 내 몸을 기르신다는 뜻
"태어났을 때 내 사진을 보면 이만큼 자랐다는 것이 진짜 기적 같아."
"태어난 그 순간부터 부모님의 고생과 노력 아니었으면 불가능한 일이었어."

父	生	我	身
아버지 부	날 생	나 아	몸 신
아버지는 내 몸을 태어나게 하시고			

母	鞠	吾	身
어머니 모	기를 국	나 오	몸 신
어머니는 내 몸을 기르신다.			

소리 내어 읽으면서 바르게 따라 써 볼까요?

父	生	我	身
아버지 부	날 생	나 아	몸 신

母	鞠	吾	身
어머니 모	기를 국	나 오	몸 신

아래 칸에 바르게 써 볼까요?

아	버	지	는		내		몸	을		태	어	나	게	∨
하	시	고		어	머	니	는		내		몸	을		기
르	신	다	.											

 오늘 부모님께 감사했던 일을 생각해 보고 적어 보세요.

 나를 태어나게 해주시고, 길러주신 부모님께 감사의 편지를 써 보세요.

위인자자 갈불위효
爲人子者 曷不爲孝

사람의 자식 된 자가 어찌 효도를 하지 않겠느냐는 뜻
"새끼 고양이가 다친 어미 고양이한테 먹이를 가져다주는 걸 봤어."
"새끼 고양이도 어미 고양이한테 효도를 하는구나. 괜히 부끄러워진다."

爲	人	子	者
할 위	사람 인	아들 자	사람 자
사람의 자식 된 자가			

曷	不	爲	孝
어찌 갈	아닐 불	할 위	효도 효
어찌 효도를 하지 않겠느냐.			

소리 내어 읽으면서 바르게 따라 써 볼까요?

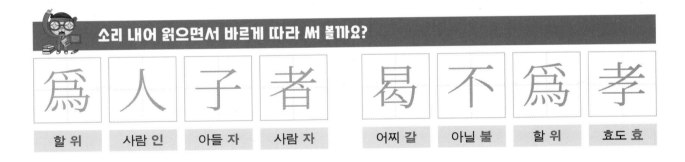

爲	人	子	者	曷	不	爲	孝
할 위	사람 인	아들 자	사람 자	어찌 갈	아닐 불	할 위	효도 효

아래 칸에 바르게 써 볼까요?

사	람	의		자	식		된		자	가		어	찌	∨
효	도	를		하	지		않	겠	느	냐	.			

 오늘 부모님께 어떤 효도를 했는지 생각해 보고 적어 보세요.

 앞으로 내가 효도하고 싶은 것이 무엇인지 부모님께 편지를 써 보세요.

부모애지 희이물망

父母愛之　喜而勿忘

부모님께서 나를 사랑해 주시면 기뻐하며 잊지 말아야 한다는 뜻
"받아쓰기를 다섯 개밖에 못 맞았는데 엄마가 엄청 칭찬해 주셨어요."
"엄마는 네가 다음에 더 잘할 수 있다고 믿으신 거야. 더 열심히 해야겠구나."

父	母	愛	之
아버지 부	어머니 모	사랑 애	갈 지
부모님께서 나를 사랑해 주시면				

喜	而	勿	忘
기쁠 희	말 이을 이	말 물	잊을 망
기뻐하며 잊지 말아야 한다.			

소리 내어 읽으면서 바르게 따라 써 볼까요?

父	母	愛	之	喜	而	勿	忘
아버지 부	어머니 모	사랑 애	갈 지	기쁠 희	말 이을 이	말 물	잊을 망

아래 칸에 바르게 써 볼까요?

	부	모	님	께	서		나	를		사	랑	해		주
시	면		기	뻐	하	며		잊	지		말	아	야	
한	다	.												

 최근에 부모님께서 나를 사랑한다고 느꼈던 일은 무엇인가요?

 나는 부모님에 대한 사랑에 보답하려면 어떻게 해야 할까요?

시좌친전 물거물와
侍坐親前 勿踞勿臥

부모님 앞에서는 걸터앉거나 눕지 말아야 한다는 뜻
"밥 먹을 때 할머니보다 먼저 수저 들었다가 엄마한테 꾸중 들었어요"
"혼날 짓을 했구나. 항상 어른 먼저 수저를 든 뒤에 들어야 한단다."

侍	坐	親	前	勿	踞	勿	臥
모실 시	앉을 좌	친한 친	앞 전	말 물	걸터앉을 거	말 물	누울 와
부모님 앞에서는				걸터앉거나 눕지 말아야 한다.			

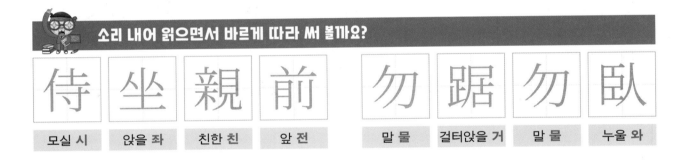

소리 내어 읽으면서 바르게 따라 써 볼까요?

侍	坐	親	前	勿	踞	勿	臥
모실 시	앉을 좌	친한 친	앞 전	말 물	걸터앉을 거	말 물	누울 와

아래 칸에 바르게 써 볼까요?

	부	모	님		앞	에	서	는		걸	터	앉	거	나	∨
눕	지		말	아	야		한	다	.						

 평소에 나는 부모님 앞에서 어떤 자세로 앉아 있나요? 왜 그런 자세를 하는지 써 볼까요?

 앞으로 나는 어떤 자세, 어떤 말투로 부모님을 대할 것인지 부모님께 편지를 써 볼까요?

부모출입 매필기립

父母出入 每必起立

부모님께서 들어오시거나 나가시면 매번 반드시 일어나야 한다는 뜻
"저녁에 엄청 졸린 데도 아빠 엄마가 들어오시면 일어나야 해요?"
"집에 들어왔을 때 다녀오셨어요! 인사받으면 하루 피곤이 싹 풀린단다."

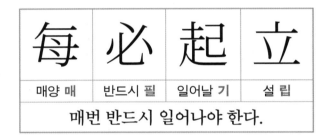

父	母	出	入
아버지 부	어머니 모	날 출	들 입

부모님께서 들어오시거나 나가시면

每	必	起	立
매양 매	반드시 필	일어날 기	설 립

매번 반드시 일어나야 한다.

소리 내어 읽으면서 바르게 따라 써 볼까요?

父	母	出	入		每	必	起	立
아버지 부	어머니 모	날 출	들 입		매양 매	반드시 필	일어날 기	설 립

아래 칸에 바르게 써 볼까요?

	부	모	님	께	서		들	어	오	시	거	나		나
가	시	면		매	번		반	드	시		일	어	나	야 ∨
한	다	.												

 혹시 부모님께서 외출하시거나 들어오셨을 때 인사하지 않은 적이 있나요? 왜 그랬나요?

 오늘 일터에서 돌아오신 부모님을 마중하며 어떻게 인사하고 싶은가요?

사필품행 무감자전
事必稟行　無敢自專

일을 할 때는 반드시 여쭌 뒤에 행동하고 감히 자기 멋대로 하지 말아야 한다는 뜻
"피아노 학원 내 맘대로 그만둔다고 했다가 엄마한테 야단맞았어요"
"그런 중요한 일은 부모님께 먼저 말씀드리고 허락을 받았어야지."

事	必	稟	行
일 사	반드시 필	여쭐 품	행할 행

일을 할 때는 반드시 여쭌 뒤에 행동하고

無	敢	自	專
없을 무	감히 감	스스로 자	오로지 전

감히 자기 멋대로 하지 말아야 한다.

소리 내어 읽으면서 바르게 따라 써 볼까요?

事	必	稟	行	無	敢	自	專
일 사	반드시 필	여쭐 품	행할 행	없을 무	감히 감	스스로 자	오로지 전

아래 칸에 바르게 써 볼까요?

	일	을		할		때	는		반	드	시		여	쭌	∨
뒤	에		행	동	하	고		감	히		자	기		멋	
대	로		하	지		말	아	야		한	다	.			

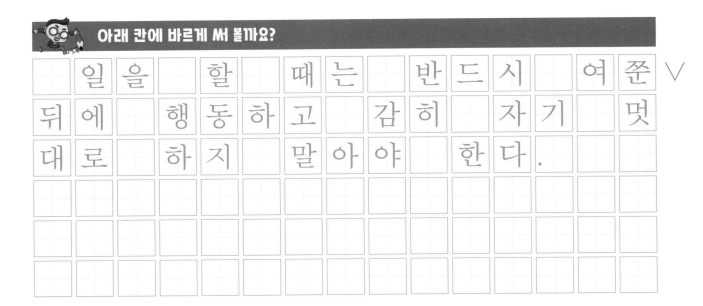

 최근에 부모님께 말씀드리고 행동으로 옮긴 일이 무엇이었나요?

 부모님께 말씀드리지 않고 내 멋대로 행동했던 일이 있었나요? 어떤 일인가요?

출필고지 반필면지

出必告之 反必面之

밖에 나갈 때는 반드시 알리고 돌아와서도 반드시 뵈어야 한다는 뜻
"아빠 엄마! 학원 다녀왔습니다!"
"그래, 비가 너무 쏟아져서 걱정했는데 너를 보니까 마음이 놓인다."

出	必	告	之
날 출	반드시 필	알릴 고	갈 지

밖에 나갈 때는 반드시 알리고

反	必	面	之
되돌릴 반	반드시 필	얼굴 면	갈 지

돌아와서도 반드시 뵈어야 한다.

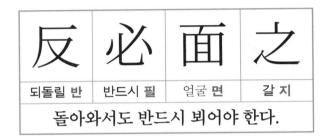

소리 내어 읽으면서 바르게 따라 써 볼까요?

出	必	告	之
날 출	반드시 필	알릴 고	갈 지

反	必	面	之
되돌릴 반	반드시 필	얼굴 면	갈 지

아래 칸에 바르게 써 볼까요?

밖에 나갈 때는 반드시 알리고 돌아와서도 반드시 뵈어야 한다.

 외출할 때, 집에 돌아왔을 때 부모님께 어떻게 인사를 하나요?

 외출할 때, 집에 돌아왔을 때 부모님께 인사하지 않는 친구에게 뭐라고 타일러줄까요?

의복수악 여지필착

衣服雖惡 與之必著

의복이 비록 나쁘더라도 부모님이 주시면 반드시 입어야 한다는 뜻
"이 옷은 팔이 많이 길지만 그냥 입을게요. 접어 입으면 되거든요."
"형이 입던 옷이라 크구나. 올해는 커도 내년에는 딱 맞겠다."

衣	服	雖	惡
옷 의	옷 복	비록 수	악할 악
의복이 비록 나쁘더라도			

與	之	必	著
줄 여	갈 지	반드시 필	입을 착
부모님이 주시면 반드시 입어야 한다.			

소리 내어 읽으면서 바르게 따라 써 볼까요?

衣	服	雖	惡	與	之	必	著
옷 의	옷 복	비록 수	악할 악	줄 여	갈 지	반드시 필	입을 착

아래 칸에 바르게 써 볼까요?

의	복	이		비	록		나	쁘	더	라	도		부
모	님	이		주	시	면		반	드	시		입	어	야	∨
한	다	.											

 부모님이 사주신 옷이 맘에 안 든다며 옷 트집을 한 적이 있나요? 왜 맘에 안 들었나요?

 옷 트집을 하는 나를 보면서 부모님 마음이 어땠을까요?

21

음식수악 여지필식

飮食雖惡　與之必食

음식이 비록 거칠더라도 부모님이 주시면 반드시 먹어라는 뜻
"너는 뭐든지 잘 먹어서 좋다. 어려서는 당근이 싫다더니 이제 잘 먹는구나."
"엄마가 애써 해주신 음식은 뭐든 잘 먹기로 했어요. 맛있으니까요."

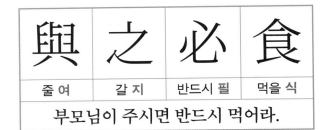

飮	食	雖	惡
마실 음	밥 식	비록 수	악할 악
음식이 비록 거칠더라도			

與	之	必	食
줄 여	갈 지	반드시 필	먹을 식
부모님이 주시면 반드시 먹어라.			

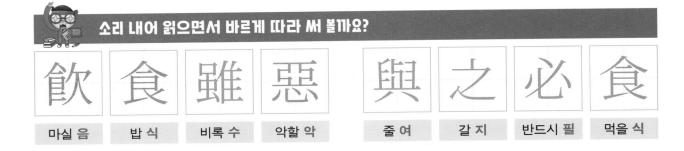

소리 내어 읽으면서 바르게 따라 써 볼까요?

飮	食	雖	惡	與	之	必	食
마실 음	밥 식	비록 수	악할 악	줄 여	갈 지	반드시 필	먹을 식

아래 칸에 바르게 써 볼까요?

| 음 | 식 | 이 | | 비 | 록 | | 거 | 칠 | 더 | 라 | 도 | | 부 |
| 모 | 님 | 이 | | 주 | 시 | 면 | | 반 | 드 | 시 | | 먹 | 어 | 라 | . |

 부모님이 해주신 음식이 맘에 안 든다며 반찬 투정을 한 적이 있나요? 왜 그랬나요?

 엄마가 정성스럽게 차린 음식을 먹기 전에 뭐라고 인사하고 싶은가요? 씩씩하게 해 볼까요?

신체발부 물훼물상
身體髮膚　勿毀勿傷

신체의 머리카락과 피부를 훼손하거나 상처 내지 말라는 뜻
"어제 장난치다 허리를 다쳤는데, 밤새 엄마가 찜질해 주셨어요."
"부모님은 네 몸이 조금만 안 좋아도 자신이 아픈 것처럼 괴로워하신단다."

身	體	髮	膚	勿	毀	勿	傷
몸 신	몸 체	터럭 발	살갗 부	말 물	헐 훼	말 물	상처 상

신체의 머리카락과 피부를	훼손하거나 상처 내지 말라.

소리 내어 읽으면서 바르게 따라 써 볼까요?

身	體	髮	膚	勿	毀	勿	傷
몸 신	몸 체	터럭 발	살갗 부	말 물	헐 훼	말 물	상처 상

아래 칸에 바르게 써 볼까요?

신	체	의		머	리	카	락	과		피	부	를
훼	손	하	거	나		상	처		내	지		말	라	.

그동안 가장 심하게 다치거나 아픈 적이 언제인가요? 왜 그렇게 되었나요?

 아픈 나를 간호해 주신 부모님께 감사의 편지를 써 볼까요?

부모책지 반성물원

父母責之 反省勿怨

부모님께서 꾸짖으시거든 반성하고 원망하지 말라는 뜻

"학원 빼먹었다고 엄마한테 야단맞았어요. 생각해 보니 제가 잘못했어요."
"부모님은 네가 올바르게 자라기를 바라서. 솔직히 말씀드렸다면 좋았을걸."

父	母	責	之
아버지 부	어머니 모	꾸짖을 책	갈 지
부모님께서 꾸짖으시거든			

反	省	勿	怨
돌이킬 반	살필 성	말 물	원망할 원
반성하고 원망하지 말라.			

소리 내어 읽으면서 바르게 따라 써 볼까요?

父	母	責	之		反	省	勿	怨
아버지 부	어머니 모	꾸짖을 책	갈 지		돌이킬 반	살필 성	말 물	원망할 원

아래 칸에 바르게 써 볼까요?

	부	모	님	께	서		꾸	짖	으	시	거	든		반
성	하	고		원	망	하	지		말	라	.			

요즘 부모님께 꾸중을 들었던 일이 무엇인가요? 부모님께서 왜 꾸중을 하셨을 것 같나요?

부모님께서 꾸중하셨던 날, 말씀드리지 못한 이야기가 있다면 지금 해 볼까요?

물여인투 부모불안
勿與人鬪 父母不安

남과 더불어 싸우지 말라. 부모님께서 불안해하신다는 뜻
"제가 친구를 괴롭혔는데, 엄마가 그 친구를 찾아가서 사과하셨어요."
"엄마 맘이 많이 아프셨나 보다. 다음부터는 절대 그런 일이 없어야겠다."

勿	與	人	鬪
말 물	더불어 여	사람 인	싸울 투
남과 더불어 싸우지 말라.			

父	母	不	安
아버지 부	어머니 모	아닐 불	편안할 안
부모님께서 불안해하신다.			

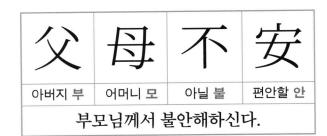

소리 내어 읽으면서 바르게 따라 써 볼까요?

勿	與	人	鬪
말 물	더불어 여	사람 인	싸울 투

父	母	不	安
아버지 부	어머니 모	아닐 불	편안할 안

아래 칸에 바르게 써 볼까요?

	남	과		더	불	어		싸	우	지		말	라	.
부	모	님	께	서		불	안	해	하	신	다	.		

 최근에 형제자매 혹은 친구와 싸워서 부모님을 속상하게 한 적이 있나요? 왜 그랬나요?

 형제자매, 혹은 친구와 사이좋게 지내겠다는 약속의 편지를 써 볼까요?

일기부모　기죄여산
一欺父母　其罪如山

한 번 부모님을 속이면 그 죄가 산과 같아진다는 뜻

"엄마 지갑에서 돈을 훔쳐서 장난감을 샀는데…… 마음이 너무 힘들어요."
"지금이라도 솔직히 말씀드려. 도둑질도 나쁘지만 거짓말은 더 나쁜 거야."

一	欺	父	母
하나 일	속일 기	아버지 부	어머니 모

한 번 부모님을 속이면

其	罪	如	山
그 기	허물 죄	같을 여	뫼 산

그 죄가 산과 같아진다.

소리 내어 읽으면서 바르게 따라 써 볼까요?

一	欺	父	母	其	罪	如	山
하나 일	속일 기	아버지 부	어머니 모	그 기	허물 죄	같을 여	뫼 산

아래 칸에 바르게 써 볼까요?

	한		번		부	모	님	을		속	이	면		그	∨
죄	가		산	과		같	아	진	다	.					

 부모님께 왜 사실대로 말씀드리지 않았는지 사과의 편지를 써 볼까요?

아신불현 욕급부모
我身不賢　辱及父母

내가 어질지 못하게 행동하면 그 욕이 부모님께 돌아간다는 뜻
"내가 옆집 강아지 산책을 시켰는데, 아줌마가 엄마한테 고맙다고 하셨어."
"아줌마는 엄마한테 아이를 참 잘 키우셨어요, 하고 네 칭찬을 하셨을 거야."

我	身	不	賢
나 아	몸 신	아닐 불	어질 현

내가 어질지 못하게 행동하면

辱	及	父	母
욕될 욕	미칠 급	아버지 부	어머니 모

그 욕이 부모님께 돌아간다.

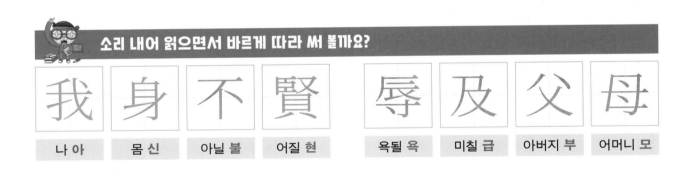

소리 내어 읽으면서 바르게 따라 써 볼까요?

我	身	不	賢	辱	及	父	母
나 아	몸 신	아닐 불	어질 현	욕될 욕	미칠 급	아버지 부	어머니 모

아래 칸에 바르게 써 볼까요?

	내	가		어	질	지		못	하	게		행	동	하
면		그		욕	이		부	모	님	께		돌	아	간
다	.													

부모님을 생각해서 화를 참은 적이 있었나요? 어떤 일이었나요?

나 때문에 부모님께서 다른 사람들에게 칭찬받은 일이 있었나요? 어떤 일이었나요?

욕보기덕 호천망극
欲報其德 昊天罔極

그 덕을 갚으려 해도 큰 하늘 같아서 모두 갚을 수 없다는 뜻
"존경하는 인물 글짓기를 했는데, 난 우리 부모님이라고 썼어."
"그랬구나. 세상에 부모님 은혜만큼 큰 것은 없으니까."

欲	報	其	德
하고자 할 욕	갚을 보	그 기	큰 덕
그 덕을 갚으려 해도			

昊	天	罔	極
하늘 호	하늘 천	없을 망	다할 극
큰 하늘 같아서 모두 갚을 수 없다.			

소리 내어 읽으면서 바르게 따라 써 볼까요?

欲	報	其	德
하고자 할 욕	갚을 보	그 기	큰 덕

昊	天	罔	極
하늘 호	하늘 천	없을 망	다할 극

아래 칸에 바르게 써 볼까요?

	그		덕	을		갚	으	려		해	도		큰
하	늘		같	아	서		모	두		갚	을		수
없	다	.											

부모사아　물역물태
父母使我　勿逆勿怠

부모님께서 내게 일을 시키시면 거스르지 말고 게을리하지 말라는 뜻
"엄마 심부름은 좀 이따 하면 되잖아. 먼저 축구부터 하자."
"안 돼. 엄마 심부름부터 한 뒤에 축구하고 놀아도 충분해."

父	母	使	我
아버지 부	어머니 모	하여금 사	나 아
부모님께서 내게 일을 시키시면			

勿	逆	勿	怠
말 물	거스를 역	말 물	게으를 태
거스르지 말고 게을리하지 말라 .			

소리 내어 읽으면서 바르게 따라 써 볼까요?

父	母	使	我
아버지 부	어머니 모	하여금 사	나 아

勿	逆	勿	怠
말 물	거스를 역	말 물	게으를 태

아래 칸에 바르게 써 볼까요?

	부	모	님	께	서		내	게		일	을		시	키
시	면		거	스	르	지		말	고		게	을	리	하
지		말	라	.										

부모유명 부수경청

父母有命 俯首敬聽

부모님께서 말씀하시면 머리를 숙이고 공손한 태도로 들어라는 뜻

"할머니께 말대꾸했다가 아빠한테 꾸중 들었어요. 지금 기분이 안 좋아요."
"왜 꾸중하셨을까? 아빠는 네가 할머니한테 버릇없이 구는 것이 속상하셨어."

父	母	有	命
아버지 부	어머니 모	있을 유	명령 명
부모님께서 말씀하시면			

俯	首	敬	聽
구부릴 부	머리 수	공경 경	들을 청
머리를 숙이고 공손한 태도로 들어라.			

 소리 내어 읽으면서 바르게 따라 써 볼까요?

父	母	有	命	俯	首	敬	聽
아버지 부	어머니 모	있을 유	명령 명	구부릴 부	머리 수	공경 경	들을 청

아래 칸에 바르게 써 볼까요?

	부	모	님	께	서		말	씀	하	시	면		머	리
를		숙	이	고		공	손	한		태	도	로		들
어	라	.												

 나는 부모님께서 무슨 말씀을 하실 때 어떤 태도로 듣나요?

 만약 부모님께서 오해를 하시고 꾸중을 하시면 여러분은 어떻게 하나요?

일립지식 필분이식
一粒之食 必分而食

한 톨의 밥알이라도 반드시 나누어 먹어라는 뜻
"형 몰래 아이스크림 먹다가 사레들려서 혼났어요."
"형이랑 나눠 먹었으면 더 맛있었을 텐데. 다음부턴 사이좋게 나눠 먹어."

一	粒	之	食
하나 일	낟알 립	갈 지	밥 식
한 톨의 밥알이라도			

必	分	而	食
반드시 필	나눌 분	말 이을 이	먹을 식
반드시 나누어 먹어라.			

소리 내어 읽으면서 바르게 따라 써 볼까요?

一	粒	之	食	必	分	而	食
하나 일	낟알 립	갈 지	밥 식	반드시 필	나눌 분	말 이을 이	먹을 식

아래 칸에 바르게 써 볼까요?

한		톨	의		밥	알	이	라	도		반	드	시	∨
나	누	어		먹	어	라	.							

비지어목 동근이지
比之於木 同根異枝

형제를 나무에 비유하면 한 뿌리에서 뻗은 다른 가지다라는 뜻
"동생이 어떤 애한테 맞고 있는데 화가 나서 견딜 수가 없었어요."
"형제는 한 뿌리에서 뻗은 가지라 하잖아. 그래도 싸운 이유를 물었어야지."

比	之	於	木
견줄 비	갈 지	어조사 어	나무 목
형제를 나무에 비유하면			

同	根	異	枝
한가지 동	뿌리 근	다를 이	가지 지
한 뿌리에서 뻗은 다른 가지다.			

소리 내어 읽으면서 바르게 따라 써 볼까요?

比	之	於	木
견줄 비	갈 지	어조사 어	나무 목

同	根	異	枝
한가지 동	뿌리 근	다를 이	가지 지

아래 칸에 바르게 써 볼까요?

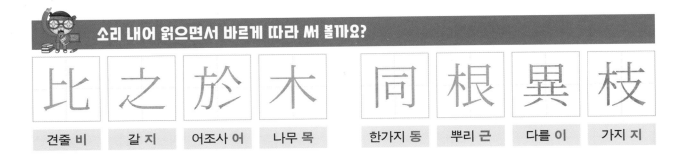

형제를 나무에 비유하면 한
뿌리에서 뻗은 다른 가지다.

43

형수책아 막감항노
兄雖責我 莫敢抗怒

형이 비록 나를 꾸짖더라도 감히 대들거나 화내지 말라는 뜻

"너는 왜 네 형이 야단치면 대들지도 않고 가만히 듣기만 해?"
"우리 형은 까닭 없이 화내지 않아. 내가 크게 잘못했을 때만 화를 내."

兄	雖	責	我
형 형	비록 수	꾸짖을 책	나 아

형이 비록 나를 꾸짖더라도

莫	敢	抗	怒
없을 막	감히 감	막을 항	성낼 노

감히 대들거나 화내지 말라.

소리 내어 읽으면서 바르게 따라 써 볼까요?

兄	雖	責	我
형 형	비록 수	꾸짖을 책	나 아

莫	敢	抗	怒
없을 막	감히 감	막을 항	성낼 노

아래 칸에 바르게 써 볼까요?

	형	이		비	록		나	를		꾸	짖	더	라	도	V
감	히		대	들	거	나		화	내	지		말	라	.	

 내가 생각하는 가장 멋진 형이나 누나는 어떤 사람일까요?

 내가 형인데 어린 동생이 대든다면 어떤 말을 해주고 싶나요?

제수유과 수물성책
弟雖有過 須勿聲責

동생에게 비록 나무랄 잘못이 있더라도 모름지기 큰소리로 꾸짖지 말라는 뜻
"네 동생이 숙제를 망가뜨렸는데도 타이르기만 하다니! 정말 화 안 났어?"
"왜 화가 안 나겠어? 그렇지만 동생이 모르고 한 일인데 어떻게 화를 내?"

弟	雖	有	過
동생 제	비록 수	있을 유	지날 과
동생에게 비록 나무랄 잘못이 있더라도			

須	勿	聲	責
모름지기 수	말 물	소리 성	꾸짖을 책
모름지기 큰소리로 꾸짖지 말라.			

소리 내어 읽으면서 바르게 따라 써 볼까요?

弟	雖	有	過	須	勿	聲	責
동생 제	비록 수	있을 유	지날 과	모름지기 수	말 물	소리 성	꾸짖을 책

아래 칸에 바르게 써 볼까요?

	동	생	에	게		비	록		나	무	랄		잘	못
이		있	더	라	도		모	름	지	기		큰	소	리
로		꾸	짖	지		말	라	.						

 내 주변에서 가장 멋진 형제는 누구인가요? 그들의 어떤 점이 보기 좋았나요?

 형이나 누나가 큰소리치지 않고 꾸짖으면 나는 어떻게 할까요?

일루지의 필분이의
一縷之衣　必分而衣

한 올의 허름한 옷이라도 반드시 나누어 입어야 한다는 뜻
"동생은 네가 입던 옷 물려받으면 되니까 오늘은 네 옷만 사자."
"동생도 새 옷 입고 싶을 거예요. 저는 있는 옷 입을 테니까 동생 사주세요."

一	縷	之	衣
하나 일	실 루	갈 지	옷 의

한 올의 허름한 옷이라도

必	分	而	衣
반드시 필	나눌 분	말 이을 이	옷 의

반드시 나누어 입어야 한다,

소리 내어 읽으면서 바르게 따라 써 볼까요?

一	縷	之	衣
하나 일	실 루	갈 지	옷 의

必	分	而	衣
반드시 필	나눌 분	말 이을 이	옷 의

아래 칸에 바르게 써 볼까요?

	한		올	의		허	름	한		옷	이	라	도	
반	드	시		나	누	어		입	어	야		한	다	.

 만약 내 맘에 드는 옷을 형이나 동생이 입겠다고 하면 어떻게 할까요?

 내 옷 중에 형이나 동생에게 양보하고 싶은 것이 있나요? 이유는 무엇일까요?

침즉연금 식즉동상

寢則連衾 食則同牀

잠을 잘 때는 이불을 나란히 덮고 밥을 먹을 때는 한 상에서 먹어라는 뜻
"형이 없으니까 잠도 안 오고 밥도 맛이 없어요. 형 언제 돌아와요?"
"그동안 형이랑 함께 이불 덮고, 항상 함께 밥을 먹어서 그런 것 같다."

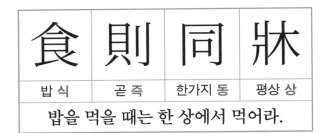

寢	則	連	衾
잠잘 침	곧 즉	잇닿을 연	이불 금
잠을 잘 때는 이불을 나란히 덮고			

食	則	同	牀
밥 식	곧 즉	한가지 동	평상 상
밥을 먹을 때는 한 상에서 먹어라.			

소리 내어 읽으면서 바르게 따라 써 볼까요?

寢	則	連	衾
잠잘 침	곧 즉	잇닿을 연	이불 금

食	則	同	牀
밥 식	곧 즉	한가지 동	평상 상

아래 칸에 바르게 써 볼까요?

	잠	을		잘		때	는		이	불	을		나	란
히		덮	고		밥	을		먹	을		때	는		한
상	에	서		먹	어	라	.							

 형제끼리 이불도 함께 덮고 자고, 밥도 항상 함께 먹다 보면 어떤 점이 좋을까요?

 평소에 제 동생을 미워하던 친구가 동생을 보살펴 주는 모습을 보면 어떤 생각이 드나요?

형제유선 필예우외

兄弟有善　必譽于外

형제간에 잘한 일이 있으면 반드시 드러내어 칭찬해야 한다는 뜻
"형이 라면 맛있게 끓여줬어요. 제가 엄청 배고프다고 했거든요."
"다음에 엄마가 외출할 일이 있어도 형이 있으니까 배고플 일은 없겠구나."

兄	弟	有	善	必	譽	于	外
형 형	동생 제	있을 유	착할 선	반드시 필	기릴 예	어조사 우	바깥 외

형제간에 잘한 일이 있으면	반드시 드러내어 칭찬해야 한다.

소리 내어 읽으면서 바르게 따라 써 볼까요?

兄	弟	有	善	必	譽	于	外
형 형	동생 제	있을 유	착할 선	반드시 필	기릴 예	어조사 우	바깥 외

아래 칸에 바르게 써 볼까요?

	형	제	간	에		잘	한		일	이		있	으	면	∨
반	드	시		드	러	내	어		칭	찬	해	야		한	
다	.														

 내가 형제를 위해서 좋은 일을 했는데 고맙다는 말도 못 들었을 때는 기분이 어떨까요?

 형이나 동생 칭찬을 많이 하는 친구를 보면 어떤 생각이 드나요?

형제유실 은이물양
兄弟有失　隱而勿揚

형제간에 잘못이 있으면 숨겨 주고 드러내지 말라는 뜻
"네가 내 돈 훔친 건 부모님께 말씀드리지 않을게. 다음부터는 그러지 마."
"감춰줘서 고마워. 다음부터는 절대 그런 짓 안 할게. 약속해."

兄	弟	有	失
형 형	동생 제	있을 유	잃을 실
형제간에 잘못이 있으면			

隱	而	勿	揚
숨을 은	말 이을 이	말 물	날릴 양
숨겨 주고 드러내지 말라.			

소리 내어 읽으면서 바르게 따라 써 볼까요?

兄	弟	有	失
형 형	동생 제	있을 유	잃을 실

隱	而	勿	揚
숨을 은	말 이을 이	말 물	날릴 양

아래 칸에 바르게 써 볼까요?

형	제	간	에		잘	못	이		있	으	면		숨
겨		주	고		드	러	내	지		말	라	.	

 만약 내 실수나 잘못을 형제가 감춰준다면 나는 어떤 생각이 들까요?

 형제의 실수나 잘못을 숨겨 주면 좋은 점은 무엇이고 나쁜 점은 무엇일까요?

분무구다 유무상통
分毋求多　有無相通

나눌 때 많기를 구하지 말고 있든 없든 서로 통해야 한다는 뜻
"너 포도 좋아하잖아. 조금밖에 없으니까 다 먹어도 돼. 난 많이 먹었어."
"언니도 안 먹었잖아. 우리 사이좋게 나눠 먹자. 언니도 포도 좋아하잖아."

分	毋	求	多
나눌 분	말 무	구할 구	많을 다

나눌 때 많기를 구하지 말고

有	無	相	通
있을 유	없을 무	서로 상	통할 통

있든 없든 서로 통해야 한다.

소리 내어 읽으면서 바르게 따라 써 볼까요?

分	毋	求	多
나눌 분	말 무	구할 구	많을 다

有	無	相	通
있을 유	없을 무	서로 상	통할 통

아래 칸에 바르게 써 볼까요?

	나	눌		때		많	기	를		구	하	지		말
고		있	든		없	든		서	로		통	해	야	
한	다 .													

 의좋은 형제가 좋은 점은 무엇일까요?

 만약 형제끼리 사이가 나쁘다면 부모님은 어떤 생각을 하실까요?

형제유난 민이사구

兄弟有難　悶而思救

형제간에 어려운 일이 있으면 근심하고 구원해 줄 것을 생각하라는 뜻
"장난감 부줬다고 화냈는데, 대들지 않고 미안하다고 하니까 나도 미안했어."
"형이 화내는 성격이 아닌데 화를 내니까 무서웠어. 앞으로 더 조심할게."

兄	弟	有	難
형 형	동생 제	있을 유	어려울 난
형제간에 어려운 일이 있으면			

悶	而	思	救
번민할 민	말 이을 이	생각할 사	건질 구
근심하고 구원해 줄 것을 생각하라.			

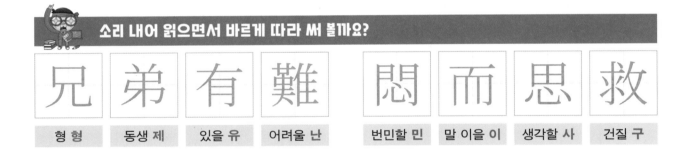

소리 내어 읽으면서 바르게 따라 써 볼까요?

兄	弟	有	難	悶	而	思	救
형 형	동생 제	있을 유	어려울 난	번민할 민	말 이을 이	생각할 사	건질 구

아래 칸에 바르게 써 볼까요?

	형	제	간	에		어	려	운		일	이		있	으
면		근	심	하	고		구	원	해		줄		것	을 ∨
생	각	하	라	.										

 만약에 형제가 학교에 가기 싫다고 하면 나는 어떻게 도와줄 것 같은가요?

 내가 곤란한 일이 생겼을 때 형제가 어떻게 도와주기를 바라나요?

형능여차 제역효지
兄能如此　弟亦效之

형이 이처럼 행동하면 동생도 똑같이 본받는다는 뜻
"형인 네가 밥 먹자마자 누우니까 동생도 형 따라서 똑같이 하잖아."
"쟤는 왜 내가 하는 대로 따라 하는지 모르겠어요. 정말 따라쟁이라니까!"

兄	能	如	此
형 형	능할 능	같을 여	이 차
형이 이처럼 행동하면			

弟	亦	效	之
동생 제	또 역	본받을 효	갈 지
동생도 똑같이 본받는다.			

소리 내어 읽으면서 바르게 따라 써 볼까요?

兄	能	如	此	弟	亦	效	之
형 형	능할 능	같을 여	이 차	동생 제	또 역	본받을 효	갈 지

아래 칸에 바르게 써 볼까요?

	형	이		이	처	럼		행	동	하	면		동	생
도		똑	같	이		본	받	는	다	.				

 동생이 내가 하는 대로 따라서 행동한다면 평상시에 나는 어떻게 행동해야 할까요?

 나 때문에 동생이 나쁜 버릇을 배웠다면 나는 어떻게 해야 할까요?

형제화목 부모희지
兄弟和睦　父母喜之

형제가 화목하면 부모님께서 기뻐하신다는 뜻
"너희 둘을 보면 형제 사이가 어찌나 좋은지 볼 때마다 든든해."
"앞으로도 저희는 싸우는 일 없이 항상 사이좋게 지내도록 할게요."

兄	弟	和	睦	父	母	喜	之
형 형	동생 제	화할 화	화목할 목	아버지 부	어머니 모	기쁠 희	갈 지
형제가 화목하면				부모님께서 기뻐하신다.			

소리 내어 읽으면서 바르게 따라 써 볼까요?

兄	弟	和	睦	父	母	喜	之
형 형	동생 제	화할 화	화목할 목	아버지 부	어머니 모	기쁠 희	갈 지

아래 칸에 바르게 써 볼까요?

	형	제	가		화	목	하	면		부	모	님	께	서	∨
기	뻐	하	신	다	.										